KB220921

기 · 억 · 이 · 기 · 록 · 을 · 넘 · 어 · 신 · 앙 · 으 · 로

대면 / 비대면 듣는 자를 위한

설교 Summary 노트

세움과비움
Seum&Bium

* 설교자를 마음으로부터 이해하십시오

  1시간이 안되는 설교를 위해 설교자는 몇 날 며칠, 아니 몇 주를 성경을 공부하고 기도하며 준비합니다. 우리가 설교자의 마음과 노력을 알게 된다면 설교를 허투루 들을 수 없습니다.

설교를 잘 듣기 원한다면!

* 1편의 설교가 당신의 삶을 바꿔 놓을 수 있습니다.

  "지금 당신의 모습은 당신이 들어온 설교가 축적된 결과입니다."

  설교자는 하나님의 의도를 왜곡하지 않고 바르게 전달하는 책임이 있다면 청중은 들은 설교로 바르게 살아가야 할 책임이 있습니다. 그 책임이 당신의 영혼과 삶을 바꿔놓을 수 있기 때문입니다.

* 설교를 평가하는 자리에 서지 마십시오.

  설교자는 하나님이 우리에게 주시는 복된 말씀을 전하는 대언자입니다. 듣는자는 설교자가 설교를 잘하는지, 못하는지, 개인의 기준으로 판단해서는 안됩니다. 설교자를 통해서 나오는 단어 하나, 하나의 문장은 하나님의 음성이기 때문입니다.

* 듣는자를 위한 7가지 권면
1. 하나님의 말씀을 피하지 마십시오.
2. 하나님의 말씀이 있는 자리를 떠나지 마십시오.
3. 말씀을 평가하는 자리에 서지 마십시오.
4. 평가하지 말고 분별하십시오.
5. 하나님의 말씀을 거스르지 마십시오.
6. 나 자신에 대해 걸리는 말씀을 하신다면 거스르지 말고 회개하십시오.
7. 하나님의 말씀을 짐으로 여기지 마십시오.

* 온라인(비대면) 설교를 듣는 성도님들에게

1. 설교는 언제나 예배 속에서 이루어집니다. 그러니 예배없는 설교는 있을 수 없습니다.
   은혜가 되는 설교를 듣기 원한다면 먼저 온라인(비대면)예배에 집중해야 합니다. 아쉽게
   도 온라인 예배는 오프라인의 예배를 100% 대체할 수 없습니다. 하지만 오프라인 예배를
   직,간접적으로 경험할 수 있는 훌륭한 예배 방법입니다.

2. 설교를 듣기 위해, 그 시간을 기다리며 사모해야 합니다. 어디서 듣고 드리는 것이 중요한
   것이 아니라 어떻게 듣고 드리는 것이 중요합니다.
   온라인으로 예배와 설교를 잘 듣고, 드리기 원한다면 어디서 듣고, 드리는가의 장소의 문
   제가 아닌 어떻게 드리고 들어야 하는지에 대한 본질에 더 집중해야 합니다.

3. 통신장비와 음향문제에 집착하지 않는 것이 좋습니다.
   좋은 통신장비와 음향장비가 온라인 예배를 드리는데 중요한 역할을 하기도 하지만 각각
   의 교회가 가지고 있는 음향과 통신장비가 다르기에 경우에 따라 문제가 일어날 수 있습
   니다. 온라인 예배 시 음향 또는 통신장비로 일어나는 문제가 예배를 방해하는 요소가 될
   수 있지만 성경 말씀과 듣고 기록했던 설교를 다시 한번 기억하고 마음에 새겨놓고 묵상
   가운데 기다린다면 말씀의 은혜가 임할 것입니다.

On-Line (　) / Off-Line (　)

설교일자 :　　　　　　　　년　　월　　일

설 교 자 :　　　　　　　　　　목사

성경구절 ; 디모데후서 4장 7절 ~ 8절 / 예레미야31장17절

성경구절을 직접 쓰시는 것이 더 좋습니다

설교제목 : 새소망

SUMMARY

- 첫 번째는 약속이다. 의의 면류관이 내게도 준비되어 있어 주실 것이라는 약속
- 두 번째는 회복이다. 내가 있어야 할 그 곳으로 돌아갈 수 있도록 인도해 주신다는 회복의 믿음

오늘 설교가 내게 주는 단어하나, 한마디, 한문장

예비되어 있다. 믿음, 가장 어두울때가 새벽녘 해뜨기 직전이다

설교가 나에게 주는 은혜

코로나로 인해 예전의 일상과 삶으로 언제 돌아갈지 모르는 어려운 시기지만 오늘 말씀이 은혜와 용기가 되는 건 회복된 그날이 이제 오고 있다는 소망과 회복이 원래의 자리로 돌아가는 것이 전부가 아닌 원래의 자리로 돌아가서 다시 될 수 있게, 한 뼘 성장 할 수 있게 해주는 모티브 역할을 해준다는 오늘의 설교가 큰 용기와 위로가 되었다.

감사와 은혜의 기도

하나님 감사합니다. 천국을 예비하여 주시고 우리의 삶에 회복의 소망을 갖게 해 주심을 감사드립니다. 일상의 회복으로 하나님께 더 가까이 갈 수 있게 해주시고 회복에 성장을 더하게 해주심을 감사드리며 주님께 더 큰 영광을 돌리기 위해 준비하게 하소서.

IF. 오늘 설교에 집중할 수 없었다면 이유가 있을 것입니다. 무엇 때문이었을까요?

On-Line ( )
Off-Line ( )

Solution

On-Line (　) / Off-Line (　)

설교일자 :　　　년　월　일

설교자 :　　　　　목사

성경구절 :

설교제목 :

SUMMARY

오늘 설교가 내게 주는 단어하나, 한마디, 한문장

설교가 나에게 주는 은혜

감사와 은혜의 기도

IF. 오늘 설교에 집중할 수 없었다면 이유가 있을 것입니다. 무엇 때문이었을까요?

On-Line ( )
Off-Line ( )

Solution

On-Line (　) / Off-Line (　)

| 설교일자 : 　　　　년　　월　　일 |

| 설 교 자 : 　　　　　　　목사 |

| 성경구절 ; |

설교제목 :

SUMMARY

오늘 설교가 내게 주는 단어하나, 한마디, 한문장

IF. 오늘 설교에 집중할 수 없었다면 이유가 있을 것입니다. 무엇 때문이었을까요?

On-Line ( )
Off-Line ( )

Solution

On-Line (   ) / Off-Line (   )

설교일자 :　　　　　년　　월　　일

설교자 :　　　　　　　　　목사

성경구절 :

설교제목 :

SUMMARY

오늘 설교가 내게 주는 단어하나, 한마디, 한문장

IF. 오늘 설교에 집중할 수 없었다면 이유가 있을 것입니다. 무엇 때문이었을까요?

On-Line (　)
Off-Line (　)

Solution

On-Line (　) / Off-Line (　)

설교일자 :　　　　년　　월　　일

설교자 :　　　　　　　　목사

성경구절 :

설교제목 :

SUMMARY

오늘 설교가 내게 주는 단어하나, 한마디, 한문장

설교가 나에게 주는 은혜

감사와 은혜의 기도

IF. 오늘 설교에 집중할 수 없었다면 이유가 있을 것입니다. 무엇 때문이었을까요?

On-Line ( )

Off-Line ( )

Solution

On-Line (　) / Off-Line (　)

설교일자 : 　　　년　　월　　일

설 교 자 : 　　　　　　목사

성경구절 :

설교제목 :

SUMMARY

오늘 설교가 내게 주는 단어하나, 한마디, 한문장

IF. 오늘 설교에 집중할 수 없었다면 이유가 있을 것입니다. 무엇 때문이었을까요?

On-Line ( )
Off-Line ( )

Solution

On-Line ( ) / Off-Line ( )

설교일자 :   년   월   일

설교 자 :   목사

성경구절 :

설교제목 :

SUMMARY

오늘 설교가 내게 주는 단어하나, 한마디, 한문장

설교가 나에게 주는 은혜

감사와 은혜의 기도

IF. 오늘 설교에 집중할 수 없었다면 이유가 있을 것입니다. 무엇 때문이었을까요?

On-Line ( )
Off-Line ( )

Solution

설교일자 :   년   월   일

설 교 자 :   목사

성경구절 :

설교제목 :

SUMMARY

오늘 설교가 내게 주는 단어하나, 한마디, 한문장

IF. 오늘 설교에 집중할 수 없었다면 이유가 있을 것입니다. 무엇 때문이었을까요?

On-Line ( )
Off-Line ( )

Solution

On-Line (　) / Off-Line (　)

설교일자 :　　　　　　년　　월　　일

설 교 자 :　　　　　　　　목사

성경구절 :

설교제목 :

SUMMARY

오늘 설교가 내게 주는 단어하나, 한마디, 한문장

IF. 오늘 설교에 집중할 수 없었다면 이유가 있을 것입니다. 무엇 때문이었을까요?

On-Line ( )
Off-Line ( ).

Solution

설교일자 :　　　　년　　월　　일

설 교 자 :　　　　　　　목사

성경구절 :

설교제목 :

SUMMARY

오늘 설교가 내게 주는 단어하나, 한마디, 한문장

감사와 은혜의 기도

IF. 오늘 설교에 집중할 수 없었다면 이유가 있을 것입니다. 무엇 때문이었을까요?

On-Line (   )
Off-Line (   )

Solution

On-Line ( ) / Off-Line ( )

설교일자 :　　　　　년　　월　　일

설교자 :　　　　　　목사

성경구절 :

SUMMARY

오늘 설교가 내게 주는 단어하나, 한마디, 한문장

IF. 오늘 설교에 집중할 수 없었다면 이유가 있을 것입니다. 무엇 때문이었을까요?

On-Line ( )
Off-Line ( )

Solution

설교일자 :   년   월   일

설교자 :   목사   ·

성경구절 :

설교제목 :

SUMMARY

오늘 설교가 내게 주는 단어하나, 한마디, 한문장

설교가 나에게 주는 은혜

감사와 은혜의 기도

IF. 오늘 설교에 집중할 수 없었다면 이유가 있을 것입니다. 무엇 때문이었을까요?

On-Line ( )
Off-Line ( )

Solution

On-Line ( ) / Off-Line ( )

설교일자 :　　　　년　월　일

설교자 :　　　　　　목사

성경구절 :

설교제목 :

SUMMARY

오늘 설교가 내게 주는 단어하나, 한마디, 한문장

설교가 나에게 주는 은혜

감사와 은혜의 기도

IF. 오늘 설교에 집중할 수 없었다면 이유가 있을 것입니다. 무엇 때문이었을까요?

On-Line ( )
Off-Line ( )

Solution

설교일자 :	년 　월 　일

설 교 자 :	목사

성경구절 :	

설교제목 :

SUMMARY

오늘 설교가 내게 주는 단어하나, 한마디, 한문장

IF. 오늘 설교에 집중할 수 없었다면 이유가 있을 것입니다. 무엇 때문이었을까요?

On-Line ( )
Off-Line ( )

Solution

On-Line ( ) / Off-Line ( )

설교일자 :　　　　　년　　월　　일

설교자 :　　　　　　　　목사

성경구절 :

설교제목 :

SUMMARY

오늘 설교가 내게 주는 단어하나, 한마디, 한문장

IF. 오늘 설교에 집중할 수 없었다면 이유가 있을 것입니다. 무엇 때문이었을까요?

On-Line (　)
Off-Line (　)

Solution

설교일자 :　　　　　　년　　월　　일

설교자 :　　　　　　　　　목사

성경구절 :

설교제목 :

SUMMARY

오늘 설교가 내게 주는 단어하나, 한마디, 한문장

설교가 나에게 주는 은혜

감사와 은혜의 기도

IF. 오늘 설교에 집중할 수 없었다면 이유가 있을 것입니다. 무엇 때문이었을까요?

On-Line ( )
Off-Line ( )

Solution

On-Line (　) / Off-Line (　)

설교일자 :　　　　　년　　월　　일

설교자 :　　　　　　　목사

성경구절 :

설교제목 :

SUMMARY

오늘 설교가 내게 주는 단어하나, 한마디, 한문장

IF. 오늘 설교에 집중할 수 없었다면 이유가 있을 것입니다. 무엇 때문이었을까요?

On-Line (   )
Off-Line (   )

Solution

On-Line (   ) / Off-Line (   )

설교일자 :　　　　　년　　월　　일

설교자 :　　　　　　　목사

성경구절 :

설교제목 :

SUMMARY

오늘 설교가 내게 주는 단어하나, 한마디, 한문장

IF. 오늘 설교에 집중할 수 없었다면 이유가 있을 것입니다. 무엇 때문이었을까요?

On-Line (   )

Off-Line (   )

Solution

On-Line (   ) / Off-Line (   )

설교일자 :　　　　　　년　　월　　일

설교자 :　　　　　　　　목사

성경구절 :

설교제목 :

SUMMARY

오늘 설교가 내게 주는 단어하나, 한마디, 한문장

IF. 오늘 설교에 집중할 수 없었다면 이유가 있을 것입니다. 무엇 때문이었을까요?

On-Line ( )
Off-Line ( )

Solution

On-Line (   ) / Off-Line (   )

설교일자 :   년   월   일

설교자 :   목사

성경구절 :

설교제목 :

SUMMARY

오늘 설교가 내게 주는 단어하나, 한마디, 한문장

IF. 오늘 설교에 집중할 수 없었다면 이유가 있을 것입니다. 무엇 때문이었을까요?

On-Line ( )
Off-Line ( )

Solution

설교일자 :   년   월   일

설교자 :   목사

성경구절 :

설교제목 :

SUMMARY

오늘 설교가 내게 주는 단어하나, 한마디, 한문장

설교가 나에게 주는 은혜

감사와 은혜의 기도

IF. 오늘 설교에 집중할 수 없었다면 이유가 있을 것입니다. 무엇 때문이었을까요?

On-Line ( )
Off-Line ( )

Solution

On-Line ( ) / Off-Line ( )

| 설교일자 : 　　　　 년　　월　　일 |
| 설교자 : 　　　　　　　　목사 |
| 성경구절 : |

설교제목 :

SUMMARY

오늘 설교가 내게 주는 단어하나, 한마디, 한문장

IF. 오늘 설교에 집중할 수 없었다면 이유가 있을 것입니다. 무엇 때문이었을까요?

On-Line ( )
Off-Line ( )

Solution

설교일자 :　　　　　년　　월　　일

설교자 :　　　　　　　　목사

성경구절 :

설교제목 :

SUMMARY

오늘 설교가 내게 주는 단어하나, 한마디, 한문장

.

IF. 오늘 설교에 집중할 수 없었다면 이유가 있을 것입니다. 무엇 때문이었을까요?

On-Line ( )
Off-Line ( )

Solution

On-Line (　) / Off-Line (　)

설교일자 :	년　　월　　일

설 교 자 :	목사

성경구절 :	

SUMMARY

오늘 설교가 내게 주는 단어하나, 한마디, 한문장

감사와 은혜의 기도

IF. 오늘 설교에 집중할 수 없었다면 이유가 있을 것입니다. 무엇 때문이었을까요?

On-Line (   )
Off-Line (   )

Solution

설교일자 :　　　　　년　　월　　일

설교자 :　　　　　　　　　목사

성경구절 :

설교제목 :

SUMMARY

오늘 설교가 내게 주는 단어하나, 한마디, 한문장

IF. 오늘 설교에 집중할 수 없었다면 이유가 있을 것입니다. 무엇 때문이었을까요?

On-Line (　)
Off-Line (　)

Solution

설교일자 :   년   월   일

설 교 자 :   목사

성경구절 :

설교제목 :

SUMMARY

오늘 설교가 내게 주는 단어하나, 한마디, 한문장

IF. 오늘 설교에 집중할 수 없었다면 이유가 있을 것입니다. 무엇 때문이었을까요?

On-Line (   )
Off-Line (   )

Solution

설교일자 :   년   월   일

설 교 자 :   목사

성경구절 :

설교제목 :

SUMMARY

오늘 설교가 내게 주는 단어하나, 한마디, 한문장

IF. 오늘 설교에 집중할 수 없었다면 이유가 있을 것입니다. 무엇 때문이었을까요?

On-Line (　)
Off-Line (　)

Solution

설교일자 :   년   월   일

설교자 :   목사

성경구절 :

설교제목 :

SUMMARY

오늘 설교가 내게 주는 단어하나, 한마디, 한문장

설교가 나에게 주는 은혜

감사와 은혜의 기도

IF. 오늘 설교에 집중할 수 없었다면 이유가 있을 것입니다. 무엇 때문이었을까요?

On-Line (　)
Off-Line (　)

Solution

설교일자 :　　　　　년　　월　　일

설 교 자 :　　　　　　　　목사

성경구절 :

설교제목 :

SUMMARY

오늘 설교가 내게 주는 단어하나, 한마디, 한문장

설교가 나에게 주는 은혜

감사와 은혜의 기도

IF. 오늘 설교에 집중할 수 없었다면 이유가 있을 것입니다. 무엇 때문이었을까요?

On-Line ( )
Off-Line ( )

Solution

설교일자 :   년   월   일

설 교 자 :   목사

성경구절 :

설교제목 :

SUMMARY

오늘 설교가 내게 주는 단어하나, 한마디, 한문장

설교가 나에게 주는 은혜

감사와 은혜의 기도

IF. 오늘 설교에 집중할 수 없었다면 이유가 있을 것입니다. 무엇 때문이었을까요?

On-Line ( )
Off-Line ( )

Solution

On-Line ( ) / Off-Line ( )

설교일자 :　　　　　년　　월　　일

설교자 :　　　　　　　　목사

성경구절 :

설교제목 :

SUMMARY

오늘 설교가 내게 주는 단어하나, 한마디, 한문장

설교가 나에게 주는 은혜

감사와 은혜의 기도

IF. 오늘 설교에 집중할 수 없었다면 이유가 있을 것입니다. 무엇 때문이었을까요?

On-Line ( )

Off-Line ( )

Solution

On-Line ( ) / Off-Line ( )

| 설교일자 : | 년 월 일 |

| 설 교 자 : | 목사 |

| 성경구절 ; | |

SUMMARY

오늘 설교가 내게 주는 단어하나, 한마디, 한문장

IF. 오늘 설교에 집중할 수 없었다면 이유가 있을 것입니다. 무엇 때문이었을까요?

On-Line ( )
Off-Line ( )

  Solution

설교일자 :　　　　년　　월　　일

설교자 :　　　　　　　　　목사

성경구절 :

SUMMARY

오늘 설교가 내게 주는 단어하나, 한마디, 한문장

IF. 오늘 설교에 집중할 수 없었다면 이유가 있을 것입니다. 무엇 때문이었을까요?

On-Line ( )
Off-Line ( )

Solution

On-Line (　) / Off-Line (　)

설교일자 :　　　　년　　월　　일

설교자 :　　　　　　　목사

성경구절 :

설교제목 :
설교제목 :

SUMMARY

오늘 설교가 내게 주는 단어하나, 한마디, 한문장

IF. 오늘 설교에 집중할 수 없었다면 이유가 있을 것입니다. 무엇 때문이었을까요?

On-Line (　)
Off-Line (　)

Solution

설교일자 :　　　　년　월　일

설 교 자 :　　　　　　　목사

성경구절 :

설교제목 :

SUMMARY

IF. 오늘 설교에 집중할 수 없었다면 이유가 있을 것입니다. 무엇 때문이었을까요?

On-Line (   )
Off-Line (   )

Solution

설교일자 :　　　　　　 년　　월　　일

설교자 :　　　　　　　목사

성경구절 :

설교제목 :

SUMMARY

오늘 설교가 내게 주는 단어하나, 한마디, 한문장

설교가 나에게 주는 은혜

감사와 은혜의 기도

IF. 오늘 설교에 집중할 수 없었다면 이유가 있을 것입니다. 무엇 때문이었을까요?

On-Line ( )
Off-Line ( )

Solution

설교일자 :　　　　년 · 월　　일

설교자 :　　　　　　　목사

성경구절 :

설교제목 :

SUMMARY

오늘 설교가 내게 주는 단어하나, 한마디, 한문장

IF. 오늘 설교에 집중할 수 없었다면 이유가 있을 것입니다. 무엇 때문이었을까요?

On-Line ( )
Off-Line ( )

Solution

On-Line (　) / Off-Line (　)

설교일자 :　　　　　　년　　월　　일

설교자 :　　　　　　　　목사

성경구절 :

설교제목 :

SUMMARY

오늘 설교가 내게 주는 단어하나, 한마디, 한문장

IF. 오늘 설교에 집중할 수 없었다면 이유가 있을 것입니다. 무엇 때문이었을까요?

On-Line ( )
Off-Line ( )

Solution

On-Line ( ) / Off-Line ( )

설교일자 :	년	월	일

설 교 자 :	목사

성경구절 :

설교제목 :

SUMMARY

오늘 설교가 내게 주는 단어하나, 한마디, 한문장

IF. 오늘 설교에 집중할 수 없었다면 이유가 있을 것입니다. 무엇 때문이있을까요?

On-Line ( )
Off-Line ( )

Solution

On-Line ( ) / Off-Line ( )

설교일자 :　　　　　년　　월　　일

설교자 :　　　　　　　　목사

성경구절 :

설교제목 :

SUMMARY

오늘 설교가 내게 주는 단어하나, 한마디, 한문장

IF. 오늘 설교에 집중할 수 없었다면 이유가 있을 것입니다. 무엇 때문이었을까요?

On-Line (   )
Off-Line (   )

 Solution

On-Line (　) / Off-Line (　)

설교일자 :　　　　년　월·일

설교자 :　　　　　　목사

성경구절 :

설교제목 :

SUMMARY

오늘 설교가 내게 주는 단어하나, 한마디, 한문장

IF. 오늘 설교에 집중할 수 없었다면 이유가 있을 것입니다. 무엇 때문이었을까요?

On-Line (   )
Off-Line (   )

Solution

On-Line (　) / Off-Line (　)

설교일자 :　　　　년　　월　　일

설교자 :　　　　　　목사

성경구절 :

설교제목 :

SUMMARY

오늘 설교가 내게 주는 단어하나, 한마디, 한문장

IF. 오늘 설교에 집중할 수 없었다면 이유가 있을 것입니다. 무엇 때문이었을까요?

On-Line ( )
Off-Line ( )

Solution

설교일자 :　　　　　년　　월　　일

설 교 자 :　　　　　　　　목사

성경구절 :

설교제목 :

SUMMARY

오늘 설교가 내게 주는 단어하나, 한마디, 한문장

IF. 오늘 설교에 집중할 수 없었다면 이유가 있을 것입니다. 무엇 때문이었을까요?

On-Line (   )
Off-Line (   )

Solution

설교일자 :　　　　년　　월　　일

설 교 자 :　　　　　　목사

성경구절 :

설교제목 :

SUMMARY

오늘 설교가 내게 주는 단어하나, 한마디, 한문장

IF. 오늘 설교에 집중할 수 없었다면 이유가 있을 것입니다. 무엇 때문이었을까요?

On-Line (　)
Off-Line (　)

Solution

설교일자:　　　　　년　　월　　일

설교자:　　　　　　　　목사

성경구절:

설교제목:

SUMMARY

오늘 설교가 내게 주는 단어하나, 한마디, 한문장

IF. 오늘 설교에 집중할 수 없었다면 이유가 있을 것입니다. 무엇 때문이었을까요?

On-Line ( )
Off-Line ( )

  Solution

On-Line ( ) / Off-Line ( )

설교일자 :　　　　　　년　　월　　일

설교자 :　　　　　　　목사

성경구절 ;

설교제목 :

SUMMARY

오늘 설교가 내게 주는 단어하나, 한마디, 한문장

설교가 나에게 주는 은혜

감사와 은혜의 기도

IF. 오늘 설교에 집중할 수 없었다면 이유가 있을 것입니다. 무엇 때문이었을까요?

On-Line (　)

Off-Line (　)

Solution

On-Line (　) / Off-Line (　)

설교일자 :　　　　년　　월　　일

설교자 :　　　　　　　　목사

성경구절 :

SUMMARY

오늘 설교가 내게 주는 단어하나, 한마디, 한문장

설교가 나에게 주는 은혜

감사와 은혜의 기도

IF. 오늘 설교에 집중할 수 없었다면 이유가 있을 것입니다. 무엇 때문이었을까요?

On-Line ( )
Off-Line ( )

Solution

설교일자 :   년   월   일

설 교 자 :   목사

성경구절 :

설교제목 :

SUMMARY

설교가 나에게 주는 은혜

감사와 은혜의 기도

IF. 오늘 설교에 집중할 수 없었다면 이유가 있을 것입니다. 무엇 때문이었을까요?

On-Line (　)
Off-Line (　)

Solution

On-Line (　) / Off-Line (　)

설교일자 :	년 월 일

설 교 자 :	목사

성경구절 :	

설교제목 :

SUMMARY

오늘 설교가 내게 주는 단어하나, 한마디, 한문장

IF. 오늘 설교에 집중할 수 없었다면 이유가 있을 것입니다. 무엇 때문이있을까요?

On-Line ( )
Off-Line ( )

  Solution

On-Line ( ) / Off-Line ( )

설교일자 :　　　년　　월　　일

설교자 :　　　　　목사

성경구절 :

설교제목 :

SUMMARY

오늘 설교가 내게 주는 단어하나, 한마디, 한문장

설교가 나에게 주는 은혜

감사와 은혜의 기도

IF. 오늘 설교에 집중할 수 없었다면 이유가 있을 것입니다. 무엇 때문이었을까요?

On-Line ( )
Off-Line ( )

Solution

On-Line (　) / Off-Line (　)

| 설교일자 : | 년 | 월 | 일 |

| 설 교 자 : | 목사 |

| 성경구절 : |

설교제목 :

SUMMARY

오늘 설교가 내게 주는 단어하나, 한마디, 한문장

설교가 나에게 주는 은혜

감사와 은혜의 기도

IF. 오늘 설교에 집중할 수 없었다면 이유가 있을 것입니다. 무엇 때문이었을까요?

On-Line ( )
Off-Line ( )

Solution

설교일자 :　　　　　년　　월　　일

설교자 :　　　　　　　목사

성경구절 :

설교제목 :

SUMMARY

오늘 설교가 내게 주는 단어하나, 한마디, 한문장

IF. 오늘 설교에 집중할 수 없었다면 이유가 있을 것입니다. 무엇 때문이었을까요?

On-Line (　)
Off-Line (　)

Solution

설교일자 :   년   월   일

설 교 자 :   목사

성경구절 :

설교제목 :

SUMMARY

오늘 설교가 내게 주는 단어하나, 한마디, 한문장

IF. 오늘 설교에 집중할 수 없었다면 이유가 있을 것입니다. 무엇 때문이었을까요?

On-Line ( )
Off-Line ( )

Solution

설교일자 :　　　　　년　　월　　일

설교자 :　　　　　　　　　목사

성경구절 :

설교제목 :

SUMMARY

오늘 설교가 내게 주는 단어하나, 한마디, 한문장

IF. 오늘 설교에 집중할 수 없었다면 이유가 있을 것입니다. 무엇 때문이었을까요?

On-Line (   )

Off-Line (   )

Solution

On-Line ( ) / Off-Line ( )

설교일자: 년   월   일

설교자: 목사

성경구절:

설교제목:

SUMMARY

오늘 설교가 내게 주는 단어하나, 한마디, 한문장

IF. 오늘 설교에 집중할 수 없었다면 이유가 있을 것입니다. 무엇 때문이었을까요?

On-Line ( )
Off-Line ( )

Solution

설교일자 :   년   월   일

설교자 :   목사

성경구절 :

설교제목 :

SUMMARY

오늘 설교가 내게 주는 단어하나, 한마디, 한문장

IF. 오늘 설교에 집중할 수 없었다면 이유가 있을 것입니다. 무엇 때문이었을까요?

On-Line ( )
Off-Line ( )

Solution

설교일자 :   년   월   일

설 교 자 :   목사

성경구절 :

설교제목 :

SUMMARY

오늘 설교가 내게 주는 단어하나, 한마디, 한문장

IF. 오늘 설교에 집중할 수 없었다면 이유가 있을 것입니다. 무엇 때문이었을까요?

On-Line (   )
Off-Line (   )

Solution

On-Line ( ) / Off-Line ( )

| 설교일자 : | 년 월 일 |

| 설 교 자 : | 목사 |

| 성경구절 : | |

SUMMARY

오늘 설교가 내게 주는 단어하나, 한마디, 한문장

IF. 오늘 설교에 집중할 수 없었다면 이유가 있을 것입니다. 무엇 때문이었을까요?

On-Line (　)
Off-Line (　)

Solution

설교일자 :　　　　　년　　월　　일

설교자 :　　　　　　　목사

성경구절 :

설교제목 :

SUMMARY

오늘 설교가 내게 주는 단어하나, 한마디, 한문장

설교가 나에게 주는 은혜

감사와 은혜의 기도

IF. 오늘 설교에 집중할 수 없었다면 이유가 있을 것입니다. 무엇 때문이었을까요?

On-Line ( )
Off-Line ( )

Solution

On-Line ( ) / Off-Line ( )

설교일자 :   년   월   일

설교자 :   목사

성경구절 :

SUMMARY

오늘 설교가 내게 주는 단어하나, 한마디, 한문장

IF. 오늘 설교에 집중할 수 없었다면 이유가 있을 것입니다. 무엇 때문이었을까요?

On-Line (   )
Off-Line (   ) .

Solution

설교일자 :　　　　　　년　　월　　일

설교자 :　　　　　　　　목사

성경구절 :

설교제목 :

SUMMARY

오늘 설교가 내게 주는 단어하나, 한마디, 한문장

IF. 오늘 설교에 집중할 수 없었다면 이유가 있을 것입니다. 무엇 때문이었을까요?

On-Line ( )
Off-Line ( )

Solution

설교일자 :　　　　　년　　월　　일

설교자 :　　　　　　　　목사

성경구절 :

설교제목 :

SUMMARY

오늘 설교가 내게 주는 단어하나, 한마디, 한문장

IF. 오늘 설교에 집중할 수 없었다면 이유가 있을 것입니다. 무엇 때문이었을까요?

On-Line (   )
Off-Line (   )

Solution

설교일자 :   년   월   일

설 교 자 :   목사

성경구절 :

설교제목 :

SUMMARY

오늘 설교가 내게 주는 단어하나, 한마디, 한문장

IF. 오늘 설교에 집중할 수 없었다면 이유가 있을 것입니다. 무엇 때문이었을까요?

On-Line (　)
Off-Line (　)

Solution

설교일자 :　　　　년　　월　　일

설교자 :　　　　　　　　목사

성경구절 :

설교제목 :

SUMMARY

오늘 설교가 내게 주는 단어하나, 한마디, 한문장

IF. 오늘 설교에 집중할 수 없었다면 이유가 있을 것입니다. 무엇 때문이었을까요?

On-Line (   )
Off-Line (   )

Solution

설교일자 :   년   월   일

설 교 자 :   목사

성경구절 :

설교제목 :

SUMMARY

오늘 설교가 내게 주는 단어하나, 한마디, 한문장

IF. 오늘 설교에 집중할 수 없었다면 이유가 있을 것입니다. 무엇 때문이었을까요?

On-Line ( )
Off-Line ( )

Solution

On-Line ( ) / Off-Line ( )

설교일자 :	년 월 일

설 교 자 :	. 목사

성경구절 :	

설교제목 :

SUMMARY

오늘 설교가 내게 주는 단어하나, 한마디, 한문장

감사와 은혜의 기도

IF. 오늘 설교에 집중할 수 없었다면 이유가 있을 것입니다. 무엇 때문이었을까요?

On-Line ( )
Off-Line ( )

Solution

설교일자 :   년   월   일

설교자 :   목사

성경구절 :

설교제목 :

SUMMARY

오늘 설교가 내게 주는 단어하나, 한마디, 한문장

설교가 나에게 주는 은혜

감사와 은혜의 기도

IF. 오늘 설교에 집중할 수 없었다면 이유가 있을 것입니다. 무엇 때문이었을까요?

On-Line ( )
Off-Line ( )

Solution

On-Line (　) / Off-Line (　)

설교일자 :	년　　월　　일

설교자 :	목사

성경구절 :	

설교제목 :

SUMMARY

오늘 설교가 내게 주는 단어하나, 한마디, 한문장

설교가 나에게 주는 은혜

감사와 은혜의 기도

IF. 오늘 설교에 집중할 수 없었다면 이유가 있을 것입니다. 무엇 때문이었을까요?

On-Line (   )
Off-Line (   )

Solution

On-Line ( ) / Off-Line ( )

설교일자 :	년 월 일

설 교 자 :	목사

성경구절 :	

SUMMARY

설교가 나에게 주는 은혜

감사와 은혜의 기도

IF. 오늘 설교에 집중할 수 없었다면 이유가 있을 것입니다. 무엇 때문이었을까요?

On-Line ( )
Off-Line ( )

Solution

On-Line (　) / Off-Line (　)

| 설교일자 : 　　　　년　　월　　일 |

| 설 교 자 : 　　　　　　목사 |

| 성경구절 : |

설교제목 :

SUMMARY

오늘 설교가 내게 주는 단어하나, 한마디, 한문장

설교가 나에게 주는 은혜

감사와 은혜의 기도

IF. 오늘 설교에 집중할 수 없었다면 이유가 있을 것입니다. 무엇 때문이었을까요?

On-Line ( )
Off-Line ( )

Solution

설교일자 :　　　　년　　월　　일

설교자 :　　　　　　　목사

성경구절 :

설교제목 :

SUMMARY

오늘 설교가 내게 주는 단어하나, 한마디, 한문장

IF. 오늘 설교에 집중할 수 없었다면 이유가 있을 것입니다. 무엇 때문이었을까요?

On-Line ( )
Off-Line ( )

Solution

설교일자 :   년   월   일

설교자 :   목사

성경구절 :

설교제목 :

SUMMARY

오늘 설교가 내게 주는 단어하나, 한마디, 한문장

설교가 나에게 주는 은혜

감사와 은혜의 기도

IF. 오늘 설교에 집중할 수 없었다면 이유가 있을 것입니다. 무엇 때문이었을까요?

On-Line (   )
Off-Line (   )

Solution

설교일자 :　　　　　년　　월　　일

설 교 자 :　　　　　　　　목사

성경구절 :

설교제목 :

SUMMARY

IF. 오늘 설교에 집중할 수 없었다면 이유가 있을 것입니다. 무엇 때문이었을까요?

On-Line (   )
Off-Line (   )

Solution

설교일자 :   년   월   일

설 교 자 :   목사

성경구절 :

설교제목 :

SUMMARY

오늘 설교가 내게 주는 단어하나, 한마디, 한문장

설교가 나에게 주는 은혜

감사와 은혜의 기도

IF. 오늘 설교에 집중할 수 없었다면 이유가 있을 것입니다. 무엇 때문이었을까요?

On-Line ( )
Off-Line ( )

Solution

설교일자 :	년　월　일

설교자 :	목사

성경구절 :	

설교제목 :

SUMMARY

오늘 설교가 내게 주는 단어하나, 한마디, 한문장

IF. 오늘 설교에 집중할 수 없었다면 이유가 있을 것입니다. 무엇 때문이었을까요?

On-Line ( )
Off-Line ( )

Solution

설교일자 :　　　　　년　　월　　일

설 교 자 :　　　　　　　목사

성경구절 :

설교제목 :

SUMMARY

오늘 설교가 내게 주는 단어하나, 한마디, 한문장

설교가 나에게 주는 은혜

감사와 은혜의 기도

IF. 오늘 설교에 집중할 수 없었다면 이유가 있을 것입니다. 무엇 때문이었을까요?

On-Line (　)
Off-Line (　)

Solution

설교일자 :　　　　년　　월　　일

설 교 자 :　　　　　　목사

성경구절 :

설교제목 :

SUMMARY

IF. 오늘 설교에 집중할 수 없었다면 이유가 있을 것입니다. 무엇 때문이었을까요?

On-Line (   )

Off-Line (   )

Solution

설교일자 :	년 월 일

설 교 자 :	목사

성경구절 :	

설교제목 :

SUMMARY

오늘 설교가 내게 주는 단어하나, 한마디, 한문장

IF. 오늘 설교에 집중할 수 없었다면 이유가 있을 것입니다. 무엇 때문이었을까요?

On-Line ( )
Off-Line ( )

Solution

On-Line (   ) / Off-Line (   )

설교일자 :　　　　　　 년　　월　　일

설교자 :　　　　　　　　목사

성경구절 :

설교제목 :

SUMMARY

오늘 설교가 내게 주는 단어하나, 한마디, 한문장

IF. 오늘 설교에 집중할 수 없었다면 이유가 있을 것입니다. 무엇 때문이었을까요?

On-Line ( )
Off-Line ( )

Solution

설교일자 :　　　　　년　　월　　일

설교자 :　　　　　　　목사

성경구절 :

설교제목 :

SUMMARY

오늘 설교가 내게 주는 단어하나, 한마디, 한문장

IF. 오늘 설교에 집중할 수 없었다면 이유가 있을 것입니다. 무엇 때문이었을까요?

On-Line (　)
Off-Line (　)

Solution

On-Line ( ) / Off-Line ( )

설교일자 :   년   월   일

설 교 자 :   ·   목사

성경구절 :

SUMMARY

오늘 설교가 내게 주는 단어하나, 한마디, 한문장

설교가 나에게 주는 은혜

감사와 은혜의 기도

IF. 오늘 설교에 집중할 수 없었다면 이유가 있을 것입니다. 무엇 때문이었을까요?

On-Line ( )
Off-Line ( )

Solution

On-Line (　) / Off-Line (　)

설교일자 :	년　　월　　일

설 교 자 :	목사

성경구절 :	

설교제목 :

SUMMARY

오늘 설교가 내게 주는 단어하나, 한마디, 한문장

설교가 나에게 주는 은혜

감사와 은혜의 기도

IF. 오늘 설교에 집중할 수 없었다면 이유가 있을 것입니다. 무엇 때문이었을까요?

On-Line ( )
Off-Line ( )

Solution

On-Line (   ) / Off-Line (   )

설교일자 :　　　　　년　　월　　일

설교자 :　　　　　　　목사

성경구절 :

설교제목 :

SUMMARY

오늘 설교가 내게 주는 단어하나, 한마디, 한문장

설교가 나에게 주는 은혜

감사와 은혜의 기도

IF. 오늘 설교에 집중할 수 없었다면 이유가 있을 것입니다. 무엇 때문이었을까요?

On-Line ( )
Off-Line ( )

Solution

설교일자: 년   월   일

설교자: 목사

성경구절:

설교제목:

SUMMARY

오늘 설교가 내게 주는 단어하나, 한마디, 한문장

IF. 오늘 설교에 집중할 수 없었다면 이유가 있을 것입니다. 무엇 때문이었을까요?

On-Line ( )
Off-Line ( )

Solution

On-Line (　) / Off-Line (　)

설교일자 :　　　　 년　　월　　일

설교자 :　　　　　　　목사

성경구절 :

설교제목 :

SUMMARY

오늘 설교가 내게 주는 단어하나, 한마디, 한문장

설교가 나에게 주는 은혜

감사와 은혜의 기도

IF. 오늘 설교에 집중할 수 없었다면 이유가 있을 것입니다. 무엇 때문이었을까요?

On-Line ( )
Off-Line ( )

Solution

On-Line (　) / Off-Line (　)

설교일자 :　　　　년　　월　　일

설교자 :　　　　　　목사

성경구절 :

설교제목 :

SUMMARY

오늘 설교가 내게 주는 단어하나, 한마디, 한문장

IF. 오늘 설교에 집중할 수 없었다면 이유가 있을 것입니다. 무엇 때문이었을까요?

On-Line (   )
Off-Line (   )

Solution

설교일자 :   년   월   일

설교자 :   목사

성경구절 :

설교제목 :

SUMMARY

오늘 설교가 내게 주는 단어하나, 한마디, 한문장

IF. 오늘 설교에 집중할 수 없었다면 이유가 있을 것입니다. 무엇 때문이었을까요?

On-Line (   )

Off-Line (   )

Solution

On-Line (　) / Off-Line (　)

설교일자 :	년 월 일

설·교·자 :	목사

성경구절 :	

설교제목 :

SUMMARY

오늘 설교가 내게 주는 단어하나, 한마디, 한문장

감사와 은혜의 기도

IF. 오늘 설교에 집중할 수 없었다면 이유가 있을 것입니다. 무엇 때문이었을까요?

On-Line ( )
Off-Line ( )

Solution

설교일자:　　　　년　　월　　일

설교자:　　　　　　　목사

성경구절:

설교제목:

SUMMARY

오늘 설교가 내게 주는 단어하나, 한마디, 한문장

IF. 오늘 설교에 집중할 수 없었다면 이유가 있을 것입니다. 무엇 때문이었을까요?

On-Line ( )
Off-Line ( )

Solution

설교일자 :　　　　　년　　월　　일

설교자 :　　　　　　　목사

성경구절 :

설교제목 :

SUMMARY

오늘 설교가 내게 주는 단어하나, 한마디, 한문장

설교가 나에게 주는 은혜

감사와 은혜의 기도

IF. 오늘 설교에 집중할 수 없었다면 이유가 있을 것입니다. 무엇 때문이었을까요?

On-Line ( )
Off-Line ( )

Solution

On-Line (　) / Off-Line (　)

설교일자 :　　　　　년　　월　　일

설 교 자 :　　　　　　　목사

성경구절 :

설교제목 :

SUMMARY

오늘 설교가 내게 주는 단어하나, 한마디, 한문장

IF. 오늘 설교에 집중할 수 없었다면 이유가 있을 것입니다. 무엇 때문이었을까요?

On-Line ( )
Off-Line ( )

Solution

설교일자 :　　　　년　　월　　일

설교자 :　　　　　　　목사

성경구절 :

설교제목 :

SUMMARY

오늘 설교가 내게 주는 단어하나, 한마디, 한문장

설교가 나에게 주는 은혜

감사와 은혜의 기도

On-Line ( )
Off-Line ( )

Solution

설교일자 : 년 월 일

설 교 자 : 목사

성경구절 :

설교제목 :

SUMMARY

오늘 설교가 내게 주는 단어하나, 한마디, 한문장

IF. 오늘 설교에 집중할 수 없었다면 이유가 있을 것입니다. 무엇 때문이었을까요?

On-Line ( )
Off-Line ( )

Solution

On-Line (　) / Off-Line (　)

설교일자 :　　　　　년　　월　　일

설교자 :　　　　　　　목사

성경구절 :

설교제목 :

SUMMARY

오늘 설교가 내게 주는 단어하나, 한마디, 한문장

IF. 오늘 설교에 집중할 수 없었다면 이유가 있을 것입니다. 무엇 때문이었을까요?

On-Line ( )
Off-Line ( )

Solution

On-Line ( ) / Off-Line ( )

설교일자 :   년   월   일

설 교 자 :   목사

성경구절 :

SUMMARY

오늘 설교가 내게 주는 단어하나, 한마디, 한문장

IF. 오늘 설교에 집중할 수 없었다면 이유가 있을 것입니다. 무엇 때문이었을까요?

On-Line (　)
Off-Line (　)

Solution

설교일자 :　　　　　 년　　 월　　 일

설교자 :　　　　　　　　 목사

성경구절 :

SUMMARY

오늘 설교가 내게 주는 단어하나, 한마디, 한문장

설교가 나에게 주는 은혜

감사와 은혜의 기도

IF. 오늘 설교에 집중할 수 없었다면 이유가 있을 것입니다. 무엇 때문이었을까요?

On-Line ( )
Off-Line ( )

Solution

설교일자 :　　　　　년　　월　　일

설교자 :　　　　　　　목사

성경구절 :

설교제목 :

SUMMARY

오늘 설교가 내게 주는 단어하나, 한마디, 한문장

IF. 오늘 설교에 집중할 수 없었다면 이유가 있을 것입니다. 무엇 때문이었을까요?

On-Line ( )
Off-Line ( )

Solution

설교일자 :　　　　　년　　월　　일

설 교 자 :　　　　　　　　목사

성경구절 :

설교제목 :

SUMMARY

오늘 설교가 내게 주는 단어하나, 한마디, 한문장

설교가 나에게 주는 은혜

감사와 은혜의 기도

IF. 오늘 설교에 집중할 수 없었다면 이유가 있을 것입니다. 무엇 때문이었을까요?

On-Line ( )
Off-Line ( )

Solution

설교일자 :　　　　년　　월　　일

설 교 자 :　　　　　　　목사

성경구절 :

설교제목 :

SUMMARY

오늘 설교가 내게 주는 단어하나, 한마디, 한문장

IF. 오늘 설교에 집중할 수 없었다면 이유가 있을 것입니다. 무엇 때문이었을까요?

On-Line ( )
Off-Line ( )

Solution

설교일자 :　　　　년　　월　　일

설교자 :　　　　　　　목사

성경구절 :

설교제목 :

SUMMARY

오늘 설교가 내게 주는 단어하나, 한마디, 한문장

설교가 나에게 주는 은혜

감사와 은혜의 기도

IF. 오늘 설교에 집중할 수 없었다면 이유가 있을 것입니다. 무엇 때문이었을까요?

On-Line ( )
Off-Line ( )

Solution

설교일자 :　　　　　년　　월　　일

설 교 자 :　　　　　　　　목사

성경구절 :

설교제목 :

SUMMARY

오늘 설교가 내게 주는 단어하나, 한마디, 한문장

설교가 나에게 주는 은혜

감사와 은혜의 기도

IF. 오늘 설교에 집중할 수 없었다면 이유가 있을 것입니다. 무엇 때문이었을까요?

On-Line ( )
Off-Line ( )

Solution

설교일자 :　　　　년　　월　　일

설교자 :　　　　　　　목사

성경구절 :

설교제목 :

SUMMARY